Para Carlos Brockstedt esse meu segundo livro

OS TIGRES CRAVARAM AS GARRAS NO HORIZONTE

Augusto de Guimaraens Cavalcanti

e que os tigres cravem suas garras em 2011!

Augusto Guimarães Cavalcanti

CIRCUITO

produção editorial

Fernanda de Mello Gentil
Renato Rezende
Rafael Bucker

projeto gráfico e diagramação

Maria Cristina Avellar

colagens

Augusto de Guimaraens Cavalcanti

DADOS INTERNACIONAIS DE CATALOGAÇÃO NA PUBLICAÇÃO (CIP)

CAVALCANTI, Augusto de Guimaraens
Os tigres cravaram as garras no horizonte | Augusto de Guimaraens Cavalcanti. Rio de Janeiro: Editora Circuito, 2010.

ISBN 978-85-64022-04-1

1. Poesia brasileira I. Título 10-12867 CDD-869.91

2010
Circuito Editora Ltda.
Ladeira do Russel 71, Glória
Rio de Janeiro | RJ CEP 22210-015

Tel 21 2225-7241
editora@editoracircuito.com.br
www.editoracircuito.com.br

AVERTISSEMENT:

Qualquer semelhança com pessoas "vivas" ou "mortas" está puramente em sua mente.

Sumário

Prefácio

William Blake incluiu em Canções da Experiência, livro de 1794, um poema sobre o tigre, o famoso *The Tyger*, que, além de tornar-se *pièce de résistance* de tradutores, gerou sucessores, outras tantas feras poetizadas. *Os tigres cravaram as garras no horizonte* de Augusto de Guimaraens Cavalcanti é a sua versão mais recente e atualizada.

Chamam a atenção, no poema de Blake, as imagens feitas de contrastes e paradoxos: a fera é um fogo ativo, de uma temível simetria; é produto de uma bigorna e uma fornalha ardente; é, principalmente, o motivo para uma dramática interrogação sobre o sentido ou o sem-sentido do universo:

Quando em lanças as estrelas
Choraram ao céu, ao vê-las:
Ele sorriu da obra que fez?
Quem fez o cordeiro te fez?

Pode não haver influência direta de Blake; mas não faltam contrastes, antinomias e oxímoros, bem como interrogações sobre o universo, em *Tigres* de Augusto de Guimaraens Cavalcanti. Neste poeta que, muito oportunamente, se declara contra os poemas em liquidação, antinomias chegam à devoração de um termo pelo outro em paradoxos perfeitos, como este: as aparências nunca enganam. Ou na visão de um helicóptero de ar e um trampolim sem chão por alguém capaz de navegar em um barco de pedra.

Augusto de Guimaraens Cavalcanti abriu as portas da jaula do tigre. A fera caminha pelo branco imundo do mundo; pelo grande set ao vivo da cidade, na qual todos os prédios deveriam se chamar Lautréamont. Percorre o Rio de Janeiro, embora haja poucas referências diretas a essa cidade. Mas são flagrantes do Rio de Janeiro que incorporam as visões da Paris misteriosa de Lautréamont, da Nova Iorque da poesia dilacerada de García Lorca, da São Paulo convulsionada de Paranóia de Roberto Piva.

Como classificar estes poemas? Onde situar *Os tigres cravaram as garras no horizonte* em uma topografia da poesia contemporânea brasileira? À inevitável pergunta feita pelos entomologistas da literatura, por aqueles que confundem classificação com compreensão, podem ser dadas muitas respostas. Arte *pop*, dirá quem olhar primeiro para o Stallone descontextualizado, a menção a David Bowie, ou um título como michael macunaíma jackson silvio santos rei da vela batman baudelaire. Tropicália exacerbada, para quem reparar primeiro nas homenagens a Zé Celso e nos reflexos da prosa cinematográfica de José Agrippino de Paula. Contracultura atualizada, com um significativo ganho na densidade literária. Releitura do melhor da *beat*. Surrealismo, observará quem atentar para as sequências de luminosas imagens poéticas, as réguas de ritmo, os dicionários de brinquedo, a câmara na floresta de vertigens, os fragmentos em prosa lembrando a escrita automática. Atualização da rebelião romântica seria mais correto observar. Delírio, porém um delírio realista, na linguagem própria para falar de como é a vida hoje.

A coexistência, lado a lado, na sequência, de Rilke e Stallone, um poeta canônico e um decadente divo do entretenimento, é um caso particular da confluência de vozes em *Os tigres cravaram as garras no horizonte*. Pode suscitar perguntas sobre onde Augusto de Guimaraens Cavalcanti quer chegar. À poesia total, é possível responder, através da sua poética do paradoxo, da aproximação e superação do real e do imaginário, do sonho e da vigília, da lucidez e da alucinação.

Cláudio Willer

OS TIGRES CRAVARAM
AS GARRAS NO HORIZONTE

ode

em cada leveza
um risco

manhã violenta
violeta
a lua de dentro de uma orelha

hora de dançar

os heróis nascem
com veneno nos olhos
eu tenho veneno nas palavras

um sábado de sol em um playground
em copacabana

saio do inferno assim como quem sai de um banho de mar

mármore

"Nossos sonhos são bustos de mármore" *(Rainer Maria Rilke)*

toda espécie de som, um mero exagero
no porão dos vencedores que você cavou para si própria

não tenho mais
dúvidas

toda cidade é o medo da morte

mas e se os jornais fossem narrados em forma de poesia?

você me parou a babilônia do shopping
te trago um buquê
de pedras

um cacto nasce do mármore límpido
das tuas escadas
rolantes

a poesia é um tigre
de papel

copacabana

não ter medo de trapo
nenhum

dia-fantasma
na cidade-transparente

aproveitar bem a decadência do lugar
não somente as lácteas vias valem a pena

para o grande girassol
todo relógio dilacera sereias

e assim faço meu poema de silêncios

veneziana

esquinas me espreitam
me analisam e cospem
notícias
com uma veneziana trincada entre os dentes
carrego um apartamento no pulso
tenho vertigens radioativas
alinhamentos celestiais
todos os prédios são
subjetivos
pluma poema televisão
o homem não afunda
na lua
do chão
caiu do décimo andar e foi beber um chope ali na esquina
mas como dizer as coisas simples?

cidade

"Não existem as cidades, são nossas viagens que criam roteiros-mapas de superfície luminosa. As cidades não existem, só os encontros são reais, as prolongadas conversas capazes de transformar qualquer lugar em praia deserta ao anoitecer." *(Cláudio Willer)*

Cansado de correr
pelas maquetes da vida,
os aeroportos não cabem na tela.

as pontes são suas
os coelhos azuis
meus
a escada se esfacelará
em nossas mãos

Tentei penetrar na pele lodosa da cidade,
mas tudo que vi foi um monstro adormecido

e sorrisos gordurosos.
Por onde passei as mulheres me ofereciam castelos sangrentos

tive aqui as arquiteturas mais delicadas dos caminhos.
Sobrevoei as insônias turísticas

e as paisagens vertiginosas do coelho generoso.
Por esses asfaltos, como morri!

Quando fico assim logo pinto outra cidade,
cuspo alguns relógios que me engasgavam;
só assim sou feliz.

pólen

o masculino e o feminino se diluem nas ruas que são rios de nuvens
os relâmpagos rugem pelas persianas elétricas,
nas avenidas de sombras magnéticas a te percorrer
os cílios tremem com essa lua gravada na pele

quantos óculos escuros cabem nessa nebulosa de luva?

esperar nas gavetas dissonantes do passado e afundar a cabeça
nos travesseiros em chamas, pólen

pólen no jornal enlatado
as parabólicas são as mães dos segredos
os satélites são os pais do acidente
pólen
as buzinas não emocionam mais
somos todos meninos
grávidos de turbinas
doces guitarras nas pálidas telas
agressivas estrelas de tranquilidade

o dia lê a noite; a lâmpada lê o fósforo;
a estante lê o livro; o dicionário lê o instante;
o grito lê o silêncio.

o transe do engenheiro quer abolir a noite
quer declarar guerra às flores

um girassol pode incendiar
o incêndio
um guarda-chuva pode criar
a tempestade
somos todos máquinas
de assombrar o tempo

por isso mesmo não se deve comer os bilhetes de loteria

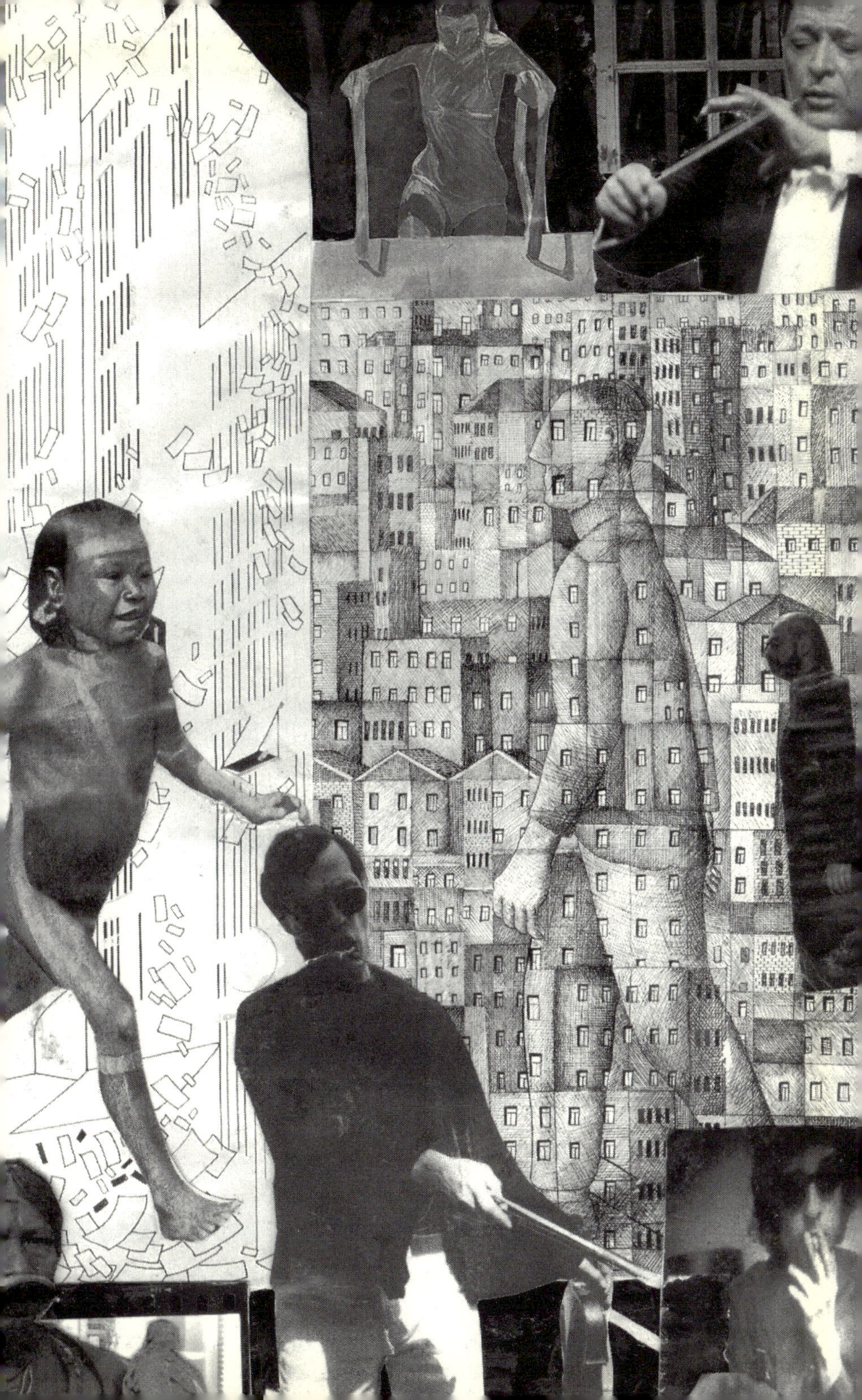

o tempo[2]

O tempo profundo da terra dispara
decaimentos radioativos,
multas altíssimas.
O tempo do amor vai sendo marcado
pela decomposição da rocha.
O coral dos dinossauros tristes só cresce durante o dia.

É como encontrar Foucault em um coma poético
de qualquer sarjeta do Baixo
Leblon.
Claríssimas lâminas
me confundem.
Clarissa foi
minha Nadja nos meses de Julho & Agosto,
sua gota de oceano removeu todos aqueles séculos de poeira.
Nadja me roubou
todos os anos de pó,
todas as líquidas ações.

Lembro daquele tio anunciando que os dias estão ficando
cada vez mais curtos,
daqui a pouco terão 22, 21 horas somente, finalmente.
Será que nenhum corvo
nos salvará?

Logo que chegamos Piva nos contava sobre os robôs pederastas
e como Isaac Asimov estava errado.
Depois disso, Willer nos apresentou a bela geologia
da sintonia das nuvens.

Continentes colidiam.
Estrelas cadavéricas nos guiavam.
Nenhuma tatuagem do sol.

Três astronautas caminham depois do escuro.

---

2 Para um encontro em Diadema com Roberto Piva, Afonso Henriques e Cláudio Willer, outubro de 2007.

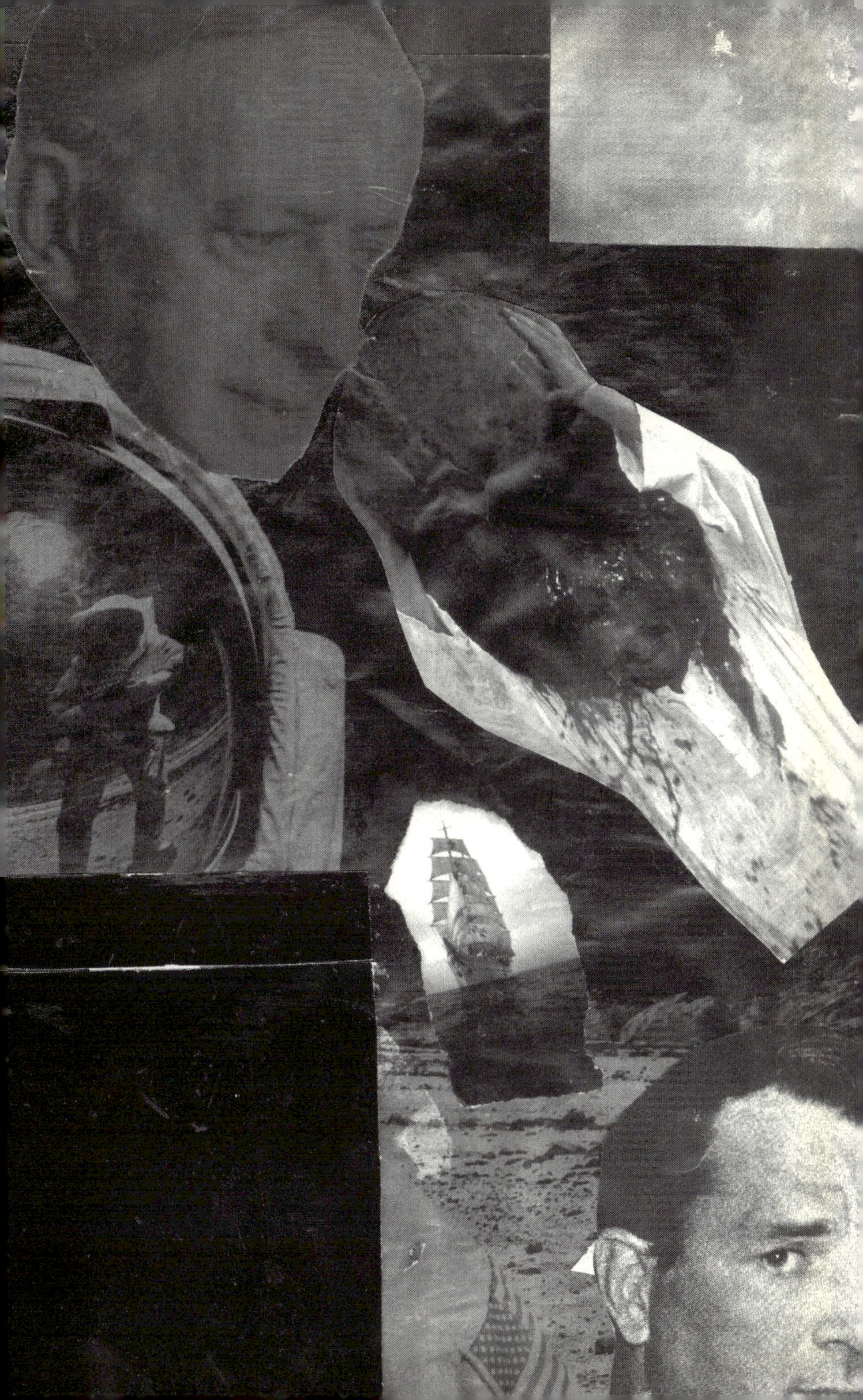

rainer maria rilke

Palavras são pedras e dias são mapas, poetas criam sua própria ilha em um oceanode céu. Tudo desaba em um grande oceano de céu, todos os minutos perdidos se reúnem aqui. Esquinas e mais esquinas de abandono. As pedras dormem, o pássaro é o umbigo da paisagem. Enquanto isso a avenida acorda em obscuro delírio, delicada treva. O homem se torna igreja, o poeta esculpe suas sombras, tudo não passa de um oceano de céu. Anjos de destruição ao redor professam teus espaços seqüestrados. Em qualquer queda ou voo teus dados desesperam o encaixe do mundo. Os desertos ardem, os braços desenham o caminho. Todos os futuros estranhados se esclarecem agora. Os arrepios dos jardins além muros clareiam os bustos em fina flor. As mãos latem que o corpo é o maior palco da vida você bem nos ensinou, mas a quem pertence teu relâmpago? Escultor de folhas secas, profeta do fundo do mar. Tuas rochas sustentam o impossível; as superfícies não têm mais fim. De todas as meias-noites criva teu grande borrão em um véu tão leve que nem se repara no choro do grande sossego das coisas. Teus reis se rasgam. Todas as faces se confundem na tua solidão plástica. Estamos aqui para assistir você tomar posse da luz, acolher luz, conquistar luz; sequestrar Espaços.

lautréamont

corpo margem colagem
atalhos repisados nos azuis
adulterados
os amantes viram estátuas
nas inchações do seu ventre
pelo branco imundo do mundo
sem o constrangimento das molduras

trancado nesse mundo de estantes e musas empoeiradas
deixo a alma na porta antes de entrar
sei que lautréamont dança comigo nos edifícios

cavalos pegam fogo pelas artérias
padres voam e mapas flutuam
de copo de areia em copo de areia
o tigre te devora na tarde sangrenta

nas varizes
dos prédios
nos fundos sem fundos
na argila dos basculantes
nas sombras das janelas
na solidão dos tetos

crava os olhos e não vê
o amor sem endereço
o paralelepípedo da caixa do coração
um guarda-chuva aberto como uma contraflor

em um museu sem paredes
no grande set ao vivo da cidade
todos os prédios deveriam se chamar Lautréamont

pelé

dê um soco no ar e comemore até segunda-feira

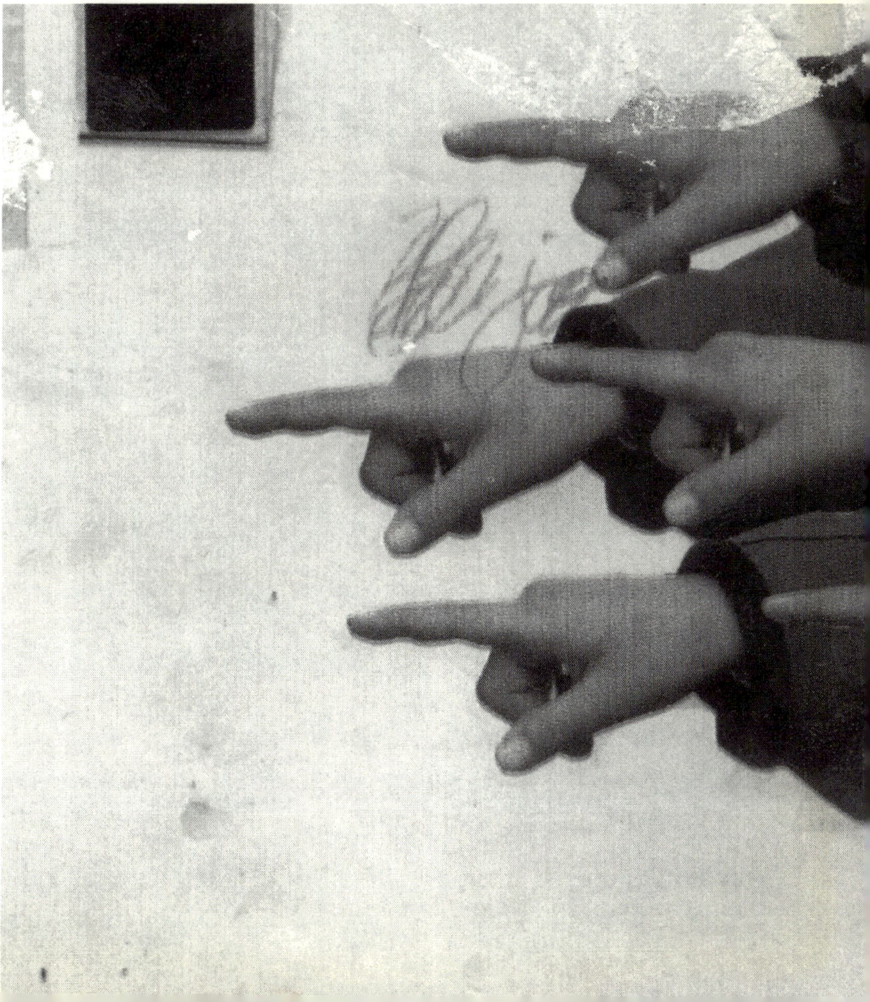

da catarse ao caos[4]

"Se não for pela poesia, como crer na eternidade?"
(Alphonsus de Guimaraens Filho)

E se não for pelo FLA-FLU, como crer na eternidade? O mundo de petróleo e sangue se desfaz no choro das massas. Um balé de vento nasce nos dribles dos anjos. Por de trás da tela é que se filma o que nenhuma televisão consegue captar. Nenhuma televisão consegue enxergar aurora no silêncio de onde agora surgem esses interplanetários do asfalto. O FLA-FLU é o ópio dos deuses.

Testemunhar um FLA-FLU é estar encantado de verbo, técnica, tabu e mágica; é ter fome de galáxia, tudo ao mesmo tempo e no mesmo lugar. Os alquimistas da grama rolam o diamante no verde das estruturas, deuses raros grudam a pedra abismal nos pés. No sacrifício da bola o gol afasta os maus espíritos, os dados se esfacelam e os breus se estilhaçam. Mas que não se enganem os inocentes: qualquer outro jogo é cinzento se comparado à essa guerra entre branco, preto, vermelho, verde e grená. Multidões são inventadas na destruição suntuosa dos bens que cada drible incendeia. Cada drible arde no instante seguinte, presentes são lacrados e pegam fogo no suor suntuoso dos gregos do agora. No FLA-FLU nada pode ser impessoal, os supermercados afetivos de lucro fecham suas portas.

Engoliremos as chaves de casa e celebraremos esse pó de cal e arroz que cai sobre a máquina radioativa de Mickey e Rivelino, a única máquina luminosa neste mundo desolado a rodar. As senhas decoradas se desfazem por um milésimo de segundo nesse eclipse total nocauteado no meio do estômago, ou mais claramente na barriga daquele certo Renato que já nasce mitológico. Enquanto isso, Assis faz explodir as flores grávidas de pólvora do infinito em Flávio, o Flamengo nunca mais empatou. Que abismo trágico de asa nesse céu se rasga? O FLA-FLU é o ópio dos deuses. E se não for pelo FLA-FLU, como crer na eternidade?

4 Para meu pai e avôs.

gasolina

"Lá no cinema ao ar livre | Eu venho, mãe, de mirar | Um mar falso e verdadeiro | Que é o mar e não é o mar. | Pois o cinema ao ar livre, | Filho, nunca voltarás. | Porque o mar no cinema | Não é o mar e é o mar." *(Verão – Pedro Salinas)*[3]

sempre desconfiei que a verdadeira profundidade
estivesse na superfície
das coisas
Walt Whitman bem nos ensinou que
seja de treva ou luz
todo momento é um milagre

a montagem não explica a imagem
as palavras não explicam o sussurro
o sussurro não explica o acaso

o cinema explode
ao ar livre
seus aeroportos de linguagens
o filme detona
sua tela de raro oceano
seu mar cínico e adequado
mar tão transparente quanto real
mar sem
margem
desterrado mar

noturno como nenhum cinema
ao ar livre
e eu não me engano
neste incêndio
and I'm only happy
when it rains

3 Tradução de Alphonsus Guimaraens Filho, presente no livro *Poetas de outras terras*. Edições Laranjeiras, 2005.

disfarce

Bem aqui no meio da descoberta do que eu nunca vi, cores são esculpidas em texturas de lágrimas. Ofuscantes alto-falantes suspendem o sol como guindaste. Poucos viram e quase ninguém tentou ver os muros sendo derrubados, os grafites sendo apagados bem na tela plana da calçada. Sabemos pouco do mistério ou quase nada.

Eles fingiram que não viam as avenidas de cal viva desfilando selva sob a faiscante cidade. A ESSO nos prometeu uma lua oval e sua gasolina de tigre, mas os óculos escuros não deram conta da mensagem. As fantasias foram queimadas bem logo chegavam os jornais. A orelha de Van Gogh nos surgiu belíssima, mas tudo não passou de um milagre. Esse filme nos invadiu muito antes e as surpresas sabemos bem não duram mais do que uma via - láctea.

E quanto equívoco falseado de fragmento e quantas bulas disfarçadas de sensibilidade? E quantos sorrisos simulados de gentileza e quantos rubros negros disfarçados de tricolores? E quanta auto-ajuda disfarçada de profundidade? E quantos corpos falseados de pressa e quantos abismos disfarçados de alma?

E quantas mulheres de argamassa não se entregaram a estes falsos sedutores? E quantos beatniks de butique? Falseados em teatro, falsificados em moda, disfarçados de tradição. E quantas ausências travestidas de processo? E quanta moda travestida de performance? Pouquíssimos viram as performances que realmente importavam.

Poucos viram o mistério.

isto não é uma antologia

"A van guarda e leva o passageiro" *(Bruna Beber)*

Poetas enclausurados em suas ilhas mandavam piscadelas para a crítica. Jornais tomavam como dado uma suposta "geração OO" em poesia, como quem procurasse o que dois zeros somados poderiam significar. Enquanto isso, em todo momento meu primo dizia: "contar com a posteridade é como contar com a polícia." Enquanto isso não paravam de vir ao mundo os supermercados de antologias. Pavões se pavoneavam pela chuva de outros cabelos. Alpinistas sociais se apressavam. A realidade era patrocinada por deuses em pó. Do outro lado, nós nem notávamos toda essa bradaria. As etiquetas já não faziam sentido nenhum. Na aspereza de um móbile moldávamos a nossa sintaxe de neons. No véu dos olhos, nos luminosos apagados, nas lágrimas de um ar condicionado. Guardávamos tanta beleza dentro de nós que ainda tínhamos combustível suficiente para no mínimo mais algumas inflamáveis eternidades. Éramos astronautas percorrendo o meio-fio. A galáxia era só uma moldura. Ipanema brilhava de noite. O céu invadia os planetários. Bandeira até dançava um fox-trot.

em obras

uma tele ilusão:
controles remotíssimos:
nenhuma asa de papel:
vestido luzido todo entupido de carnaval:
réguas de ritmo:
mecânicos playgrounds:
dicionários de brinquedo:
rainhas cruéis não me fazem chorar.

câmera na floresta de vertigens em que o trovador
se perde e se salva

van gogh
procurou outro amarelo
quando a tarde caiu

o semáforo marcou azul

areia

pelas margens dos seus fios
devoro teus sonhos

tomo um porre
de astro
uma overdose
de galáxia
corrompo paraísos

só é possível estar imerso
                                        no acidente

desligo o telefone e coloco um balão no lugar da cabeça
luas de sangue me confirmam
que em cada átomo de bomba
te invento e te construo
suas garras me fazem
brilhar

a espera
        desespera
um vestido se espalha
                                no ar
as luas de sangue
        não sabem

só se amanhece
por um
triz

a mulher mais triste do mundo

Avenidas atraem umas as outras e se colapsam,
despencam.

Os planetas continuam a desabar uns sobre os outros
diariamente como quem
ainda espera por um astro desastrado.
Como quem confia nos florescimentos
forçados.

A avenida bem sabemos
é um chumbo
de pluma.

Nas calçadas dos ouvidos
tudo se arquiteta
como se fosse pedra
a areia.

Os colírios cegam nessa colagem de sol desabado.
O eclipse não cura nada.

Os doutores certamente entrariam com as respostas aqui.
Perguntariam por quantos ossos calcificados
em cada prédio construído.
Perguntariam pela calçada fria das musas.
Perguntariam por onde os prédios se equilibram.
Perguntariam aqui pelos nomes dos rubros asfaltos
nos saltos
de ar.

Mas na febre da festa ela nem ouve a carne das palavras e se
penteia com dinamite;
escapa por uma fresta.
Do caos à catarse,
a íris da tarde se transforma em veneno na selva de pavimento
no desastre desastrado.
A tarde desaba sobre os carros,
a tarde como um grande bumerangue de vazio.
As plumas estão grávidas dela,
por isso tantas galáxias,
por isso tantas galáxias.

o eclipse não cura
nada.

transe

em sua tecnologia
sonhada
a poética do concreto
nos despeja três mil anos de Dionísio
para serem devorados

te alago
no cimento
te seco
nesse mar

o peso nos deixou
levíssimos demais.
a escuridão te luziu.
os encarcerados do filme olham
e nada entendem,
já não conseguem mais
escapar

o cinismo é a sabedoria dos vencedores
pura estátua nos ponteiros de carne.
como órfãos da tempestade
cada planeta carrega o nome de sua pele
cada placenta traz sua casca
gravada na viva cal das plumagens do cabelo
deuses dementes não deixam a cidade dormir

o engenheiro quer abolir a noite,
mas nenhum engenheiro jamais abolirá o fato de que
a localização poética soterrará a localização geográfica

nossas margens se derretem
na nébula do cotidiano
duraremos pelas esquinas
no transe solar do engenheiro
amplificados por guitarras dissonantes
de vazio
na solidariedade de dois abismos
vamos caminhar depois do tiroteio?
o blecaute nos iluminou

petrópolis, agosto de 2007

"E quem é que precisa de maus governos se todos nós somos presidentes do universo inteiro?" *(Edu Planchez)*

existem palavras feitas para serem lidas
no escuro
dias estranhos, melhor escapar daqui
dias bonitos, aos vencedores: o dia
muros brilham nas argamassas dos perdedores
aviões de chumbo voam na tua retina verde,
como sementes para os olhos
o aquário escorre escorre escorre........
projeções de Monica Vitti
dilúvios de Chernobyl
no meio do parto você rasga meus poemas com os dentes
de repente estrelas descem
do teto
o lilás é só para iludir
estúpidos girassóis entopem tua casa,
girassóis fecundam a lapela da tua camisa
a fechadura te alaga
todo
ela está grávida de sol
e como diria Edu Planchez:
só uma alma de diamantes
pode reconhecer outra alma de diamantes
só o fogo purifica
o fogo
a leveza é um peso
insustentável

babylonest

aqui não existem princesas
somente belas salas

aqui se anda de deserto coberto pelas quatro tardes
aqui nenhuma morfina nenhuma tomada

aqui sempre uma frase pronta no cotovelo das horas
algo como um aleluia ou um assalto
aqui nunca se entende muito bem o que os cowboys fazem
dançando música eletrônica no meio daquele deserto de lá
no deserto de cá esses óculos escuros me cabem muito bem

no espelho do que não vejo
navalha
por de baixo o segredo
como uma artéria inchando
como um peito de areia
nenhum alto-falante me guia

aqui o acaso bem pago
aqui essa tela de prêmio
e os despertadores que me desaceleram
antonioni estava certo
tenho febre de espaços

agora transparente não espero
passo
mastigo alguma lua de chiclete
as aparências não iludem
antonioni estava mais do que certo

aqui sou caça bem suponho nessa superfície de antenas;
nesse presente exposto até a última artéria;
iluminado por todo aquele escuro de nós mesmos
e belas guitarras dissonantes;
poetas cuspindo um dia-a-dia
tecido em balões de ar

ela tinha flores no cabelo
eu escapei pelas paredes
ela tinha paredes no cabelo

quero radiografar tudo
um aquário infinito em uma cortina de areia
você sorrindo no meu fim

o filme

O quanto o cinema é um reflexo da cidade? Cada take traz seu grão de dissonância e estrela, película aprisionada pela máquina interior, vídeos iluminados na retina de plástico. Como uma oração de cicatrizes, tudo virou etiqueta. Atores encarcerados passam a vida inteira dentro da câmera. Mas afinal, o que seria a realidade senão cinema em estado bruto? Mas quem sussurra o réquiem? Qual a hierarquia do impossível? Uma vida com personagens tensos de brilho e não de marionetes? Mas seria a poesia, cinema em estado bruto? Cinema de poesia? Existe o filme? Cinelíngua, cine-poema, cine-rito.

O cinema agarra a ausência como um navio secreto que avança sem rumo incrédulo de pouso. Câmera tédio? Pelos cílios refinados o filme não cabe em si. Pessoas correm com medo dos tristes trens que furam a tela. No véu do olho a câmera inaugura o ar, a estrada se desloca em comunhão com o clarão a se inventar. Aplausos para as salas escuras. Existiria o filme? Existirá?

afta

A acidez de afta do palhaço. Harmonia? Que harmonia? A nave vai. As mulheres cheiram cola no pátio. Tem um palhaço solto nos balões de treva e ele colocou giletes no escorrega. Um prisioneiro desatado pelas eternas grades do oceano bate palmas para a Lua. Bata palmas para a Lua. Um elevador acaba de cair no túnel do chão. As ruas sangram normalmente suas avenidas.

Acho que já chegou a hora de ouvir esses exagerados zooms: Todos os carrinhos de bebê rolam pelas escadas, aviões transbordam no meio-fio. Enquanto isso, os tigres negociam seus deuses. Muito cuidado para não cair na calçada de molas enferrujadas. Automóveis são lindos cometas de fogo.

É hoje o dia de chover meteoros? As paisagens só existem na janela quando ela está do meu lado. Quando ela não está, a grama cresce pelas minhas orelhas. Como um varejo emocional. A embriagada multidão comemora o toque de hospício da sereia em pleno meio-dia. Auto-falantes brotam da terra para anunciar um novo dilúvio de Hendrix. Satélites estrebucham no findar dos dias.

Desanoitece
Você desliga a câmera

happy & and

"numa rua sem gravi | dade somos dois | astronautas indo comprar pão"
(Alice Sant' Anna)

No museu de infinito
os passos parecem dançar
Hoje só o vento tece
o tecelão da paisagem
Lá fora a multidão continua fria
fria

Desmorona o dia nos andaimes de claridades
na cidade de cal e sonhos
todo prédio é sustentado
por uma ilusão

O engenheiro viu as coisas turvas
na pavimentação do céu
no vazio das paredes
no pulsar dos muros
no gosto amargo da vitória
na agonia dos vencedores
no monótono
troféu

O anzol de rampas e viadutos
acaba de cravar
seu último raio

Quatro asas
flutuam
rumo à outra
eternidade

lullaby

flor ausente
mar em carne
viva
seu jeito anjo
exterminador

palavras somem pelos guardanapos
janelas se desfolham como bandeiras
olhos transbordam pelas pétalas dos teus pêlos
pratos e copos se quebram sem nenhum escândalo

acompanho suas pegadas como se fossem
cidades
todas as manhãs jogo minhas asas mortas
no mar

do temporal ao parto

é como sentir a ferida dos astros,
é como ver Godot pulando do último andar,
é como se calar com as feras desfolhadas,
é como ter rodas suaves na raiz da tempestade,
é como ter um barco de pedra,
é como carregar todas as cicatrizes dos relógios.

do temporal ao parto lá estarão os tigres girando no ar,
na frieza dos sóis nublados,
nos aeroportos,
na música do silêncio.
perpétuo Furacão.

os mapas

No chão do meio fio faísca a fagulha do tigre da linguagem. Seria o tigre da palavra, apenas palavra? Mundo, quais os mapas te prendem? Como tolerar o cemitério dos telefones? Como suportar os sábados de poeira? Mundo, que janela te desaba? Quem poderia negar seus revólveres de olhos azuis?

Dizem que a última coca-cola do deserto está guardada para os que conseguem ultrapassar a cal estilhaçada dos pedreiros. Veja o desenho mais puro dos edifícios arranharem os céus. Tudo pode ser combustível para os pássaros solitários que dançam e dançam e dançam e dançam. As pessoas adoram dançar no escuro. Um homem com etiqueta de homem se comunica através da linguagem das flores. Estruturas são regurgitadas pela garganta de lâmina, animais são feridos pelo cinema. São sempre as mesmas estrelas para os mesmos estômagos Cada poro transpira sua beleza poluída de oceano. Cada um morre em seu pequeno estacionamento, cada um aguenta a lua que pode. Dizem que o verdadeiro reflorescimento à noite está reservado para as pessoas que atravessam os túneis a pé, pessoas que berram a luz do mundo. Para estas estarão reservados as ruas e os mapas dos dias. Tantos túneis se perdem na cidade.

Mas, seria o desabrochar de um edifício mais bonito do que a engenharia de uma flor? Com quantos piercings se faz o amor? E que tal batata frita com sangue? E quem compreenderia o incompreensível cansaço dos girassóis? Um pouco de inocência talvez salvasse o dia.

As flores não esperam pelos nomes. A última coca-cola do deserto foi guardada para os donos dos mapas, aqueles que carregam sons amargos no instrumento musical do corpo. E antes que falem da chuva, a nossa errância é muito mais interessante do que qualquer anjo. Antes a vida com seus alarmes e dilúvios. O eterno é aqui. Os anjos alienados estão mais inconvenientes do que nunca. Celebre a beleza destes dias venenosos. Pule na margem feminina e produza luar. O verão será sempre glacial para os inocentes do Leblon. Argamassas desabrocharão de seus pés. Flores surgirão no cimento Bloom. Um mendigo usará seus trapos como uma capa de super-herói. Um pouco de inocência poderia ter salvado o dia.

os ingênuos

mesmo através do turvo e estilhaçado espelho
das feras
mesmo através dos mapas
litúrgicos
mesmo através das igrejas teleguiadas
que te perseguem
qual será o novo
desastre?

todo índice um símbolo
todo astro uma caverna
todo artifício, um milagre
em todo esse tempo meu cinema era você

me manda uma mensagem de batom
para naufrágio
sete segundos de radiação
um dilúvio
de cartões postais
puro aborto
luminoso

só os ingênuos não viram
uma mulher acaba de parir
um peixe
rompendo a escuridão de todos os túneis do metrô
a rainha de sabá já
chegou

neve

prometi beijar-me no abraço dos roucos
prometi-me amansar a urgência de um carinho mudo
prometi me prometer tudo para depois bem sei
não cumprir e então
prometer de novo mais uma vez incendiado
nas ruínas sem remédio
nas febres dos fins de tarde
na nostalgia do mais
com os espaços fendidos
com todas as musas prostituídas

porque o branco é meu luto
porque o branco é a vertigem pós-maldita da cidade
porque o luto é a bandeira da nostalgia de maio
porque o branco é a cor do tempo
porque hoje não tem reza com canudo
porque os céus sangram às cinco e meia da manhã

alquimia

somos feitos da mesma carne dos sonhos?
o voo é a religião dos pássaros, o salto é a fé dos suicidas?
e para que servem dicionários em um mundo sem sentido?

hoje teu jardim vai morrer de tanto sol.
pensa chuva porque hoje não tem chuva.
pensa chuva porque tuas tranças chovem.
pensa nuvem.
pensa chuva porque tua máscara é sol.

tudo é anterior no dicionário do teu olhar,
crateras de lua germinam para fora da TV.
como um oceano caindo em uma gota,
como a suave ruína de uma mulher-sol.
enquanto isso ela traz pedras atadas no calcanhar
para não voar.
sombras de brilho afundam no revólver da memória.
estradas vazias flutuam pelo entardecer.

a Alquimia é tudo que explode a partir daí.

trampolim

no breu das engenharias
no cálculo áspero
no lirismo dos loucos

estrelas dançam ocas feito granadas
nos limites do céu
de cimento
na gravidade
sem
gravidade

cidades são traçadas
mas os arquitetos regurgitam gotas de chuva
os heróis já podem se retirar
sofro todos
os sóis

você é meu mantra perfeito
ilha grávida de orquestra
nuvem táctil
helicóptero
de ar
trampolim
sem
chão

ana c.

queria nadar nas piscinas em que os semideuses
fumam pelos despedaçados
muros do espetáculo.
a rua bem se sabe
permanece como uma pluma de chumbo.

queria saber misturar gertrude stein com billy the kid,
mas caio aqui mesmo nessa auto-estrada,
nessa via sem heróis
de plástico
e sem bandeiras para hastear.

vou dar minha orelha a um cego
e caminhar pelo lado sombrio da calçada.

anel descolado com nuvem

Pessoas precisam dos lugares escuros para brilhar. Pessoas veneram os impossíveis faróis das discotecas, pessoas bebem refrigerante de petróleo e se arrastam feito peixes solúveis em corredores vazios. Pessoas que nunca tiveram luz própria são iluminadas por um outdoor vizinho. Pessoas acreditam na felicidade adestrada dos surfistas. Pessoas vivem monstruosamente atreladas ao presente. As pistas de dança estão sempre desalmadas. As vitrines estão sempre acesas.

Pessoas são oceanos. Pessoas são paisagens úteis e consumadas. Pessoas são memórias de estruturas. Pessoas são belezas tristes. Pessoas são. Pessoas incendiadas na tirania do menos. Pessoas são gestantes de espaço. Quando algo toca essas avenidas impossíveis é que as pessoas conquistam tudo.

A vida é
breve
túnel
              de Luz

paranoia com brócolis

"It is impossible that tigers mate, já dizia o poeta, e a verdade é que os tigres não costumam mesmo andar juntos. Nem os tigres nem os sábios, acrescente eu: até hoje ninguém ouviu falar de invenção nenhuma feita por um agrupamento ou uma multidão de pessoas, só se descobre em grupo ou multidão aquilo que é óbvio. E às vezes nem mesmo o óbvio. A vida é a sós."

(Campos de Carvalho)

No cálculo áspero. No breu das engenharias. Nos limites do céu de cimento. Na gravidade sem gravidade. A lua faísca oca feito granada. Cidades são traçadas, mas os arquitetos regurgitam gotas de chuva. Os heróis já podem se retirar. Cigarros costumavam queimar por nada e para ninguém. Nos corredores sem nome. No pulsar das paredes. Nas máquinas desligadas. Nas esquinas de aquário. Noites coaguladas nas pupilas de gasolina. Quantas janelas desperdiçadas. Quero aprender truques novos. Quero te olhar por de trás do espelho. Já despedacei todas as imagens. Tuas tranças me estrangulam. Grito meu sufoco. Na esquina do possível, você me reinventa o dia. Nos becos do impossível, te reinvento a noite. Tristes bandeiras tremulam nos letreiros mitológicos. Néons agonizam no asfalto. A verdade é que agora as etiquetas já não fazem sentido algum. Construções conquistam gravitação e volume, formas colidem e se dissolvem nas placentas anônimas. Nenhum engano sustentará os prédios. Radiografo tudo. Conto teus cílios. Sofro todos os sóis

a lua depois da lua

os tigres cravaram as garras
no horizonte
o sol noturno faiscou
como um caça-níquel de sombras,
caleidoscópios se esclareceram.
pétalas chovem
sobre os cardiologistas.

passamos todos os carnavais dormindo?

poetas domesticados discorrem
que o único metrônomo possível
é o coração.
vitrines anunciam rubras lâminas
de purpurina.

esperamos a paz de um velho mestre do blues
esperamos a primavera naftalina
esperamos ler os dicionários dos perdedores
esperamos pela rendição da nossa gema que voa
esperamos por este cinema mudo de pedra

somos todos parteiros de dilúvios
morcegos no clarão de ruínas.
todos desastronautas
eternautas
lixeiros de diamantes
procurando por hospitais.

mas, para onde vai a lua
depois da lua?
para onde vão as cidades soterradas?

os tigres cravaram suas garras
no horizonte
e a aurora é de calma.

outros eclipses
virão.

---

8 Para os Sete Novos.

esquina dos girassóis

Não somos senão uma coleção de ruas que nos vêm do infinito do finito do tempo. Ruas são como espelhos, poéticas em ato, delírios de acasos. Ruas são metralhadoras consumidas pelos cronômetros consumados, as calçadas são movediças. Na rua somos todos espelhos flutuantes, loterias em primavera. Cidades são hospitais ao céu aberto, paraísos patrocinados pela marca de sabão em pó que vende mais. Insones sabem que ruas são como ilusões que deram certo. Mas, e as câmeras? As câmeras não mentem? Enquanto andamos cada passo se apresenta como um pequeno museu de desmaio e tontura. Uma rua se funde na outra, o asfalto funde-se em rua, a ruas funde-se ao aviso luminoso e se confunde com uma oração. Uma rua se transuda como uma maré secreta de fome e de espasmo. Nosso útero transparente se desnuda na rua. Uma rua existe como um rumor, puro ruído de raro observar. Brilham os cimentos dos vencidos, a cidade de cal e sonho envolve a noite como uma trapaça. A lua mais parece um sorriso sem gato. Os cães envelhecem pela esquina. Mas como é bonito procurar por girassóis em todos os bueiros da rua. O primeiro êxtase será sempre decisivo nesta opressão cômica chamada erroneamente de esquina dos girassóis. Não senhores, hoje não têm champanhe. Um brinde ao veneno. Vamos, fotógrafos, não percam tempo. Às 00h40min o poeta beijou o livro. Acaba de amanhecer na esquina desdentada. Hoje é aniversário da máquina. Agora todos nossos nomes já foram apagados dos muros da cidade. As escritas do amanhã serão talhadas nos ladrilhos do agora. Telefones continuarão uivando. De deserto já estamos fartos.

O mestre do desastre sabe que o amor é a grande neurose pós-moderna, nosso tédio se mostra tão sorridente quanto um cartaz urbano. Mas, na esquina dos girassóis a alma não acompanha os elevadores. No beco dos girassóis as flores são calculadas, as camisas engolem os passantes e os corações não possuem direção hidráulica. Na avenida das ilusões há uma boca gigantesca no centro da praça e de qualquer direção se ouve o grito de uma criança lançada ao céu. Pelos cimentos febris os prédios vão crescendo em cada músculo, construções são clarificadas com tiros de delicadeza. As navalhas sustentam os ossos de mel e breu. O sol escuro ilumina os asfaltos cardíacos, Haroldo e Augusto sonham com suas cidades sem ruas, poemas sem versos. Senhor catástrofe, talvez já seja hora de comer seu sofá bem cru quase mal passado. Teus relógios se derretem porque teu veneno não consegue derreter a metralhadora da lógica. Sua bandeira se perde torta pelo sentimentalismo barato de todos os orelhões. Calçadas flutuam soltas pelas salas. As horas continuam a desabar umas sobre as outras diariamente, deuses forjam seu próprio destino. Multidões anunciam com amargura e elegância o esboço de uma paisagem. Que todo escuro seja tela. Que todo entardecer seja pólen. Que toda máquina seja solar. Que todo beijo seja dodecafônico. Que todos os túneis sejam atravessáveis a pé. Que toda esquina possa finalmente ser chamada de girassol. Às cinco da manhã Diogo Cruz finalmente chega em "casa".

A eficácia dos tigres[9]

A eficácia dos tigres é vir ao mundo de onde menos se espera, ou de um escuro tão fundo que nenhum blecaute sonha alcançar. Os tigres necessitam da noite para se preencherem, suas garras apontam para a lua. Tudo que é noite traz seu prenúncio de tigre. Tudo que transborda traz sua ameaça de tigre. Tigres são sacralizáveis, pessoas não.

Tigres eternizados andam depois da tenebrosa. Tigres pisam livres pelos arredores dos prédios anônimos. Um tigre salta para dentro do tempo. Tigres não toleram sofredores. Tigres não carregam a poeira dos séculos. Os tigres reinventam a vida todos os dias.

Abrigar um tigre é como flutuar à deriva sem sair do lugar. É como se sentir desplumado, espectador sem espetáculo, desastrado sem desastre, computador sem dor alguma para computar. Enquanto sobrevivemos eles cavam o ar, prósperos e acessíveis. E quando os tigres invadem as cidades, será que são eles que se humanizam, ou na realidade é a humanidade que se tigrifica?

Os tigres são contra o charme luminoso da objetividade e do equilíbrio, do rigor e da lucidez. Os tigres são pelas estruturas vivas pingando sangue. Os tigres degolam os objetos úteis com tremenda precisão. Os tigres votam pela beleza e a delicadeza dos acidentes. Os tigres sabem que toda rua pende frágil como uma metáfora. Os tigres acreditam no sexo matemático das coisas. Os tigres irão cravar as garras no horizonte quando menos se esperar.

Seguir um tigre é como estilhaçar espelhos e não morrer. Não vos admireis se tigres se deitarem na selva de vossos pés. Tigres perpétuos andam soltos pelas jaulas das ruas.

---

9 Para Diogo Cruz.

pelo avesso

Te encontro pelo avesso, nas sombras das estátuas. Astronautas trazem na pele um sol sonâmbulo; homens de aço e de treva. A lua dá o eixo para se flutuar. Astronautas entregam às feras suas cicatrizes. Incandescentes como qualquer manto de pó.

Mares se enfurecem sob seus pés. Os sonhos são as âncoras do nosso absurdo. Os assombros incendiarão suas asas. Estas são suas núpcias de fogo. Seres em chama se alimentam da poeira dos acasos. Este é o mundo dos átomos e das estrelas que despencam para sempre. A incerteza é a religião dos tigres. Mas, o que foi feito das manchas solares? E quantos sonhos vermelhos sustentados por estas garras?

Quando os grandes prédios dormem. Tigres desmoronados atravessam as galáxias. Dinossauros são pedras de escândalo. Quando os grandes prédios dormem. O vampiro é o rei da escassez. O coro é implacável. Quando os grandes prédios dormem. Este é o lugar onde os planetas nascem ao contrário. Raio sem trovão, precipício sem margem, náufrago sem destroços, âncora sem mar.

epitáfio napalm

Mesmo que uma pedra seja atada nas prateleiras de sangue, ainda assim, principalmente assim, esse livro continuará a ser escrito. Nos mapas da pele e nos silêncios em manutenção, com letras de raio e margens de sombras, livro de sombras. Nas páginas de gelo e nas bordas sagradas, esse livro continuará a ser inscrito nos planetas dos disfarces e nas igrejas de neon, nas flâmulas em chamas, nas bandeiras em fogo. Esse livro com letras de água. Nos letreiros das obras e no findar das tardes. Flutuantes alvos nas piscinas intermináveis.

Posfácio

Poetas entram no set de filmagem da cidade poética muito mais para intervirem em sua cena do que para a deixarem ficar como está. Se o poeta é uma ilha, não se deve ao afastamento ao qual – clausura – ele é supostamente empurrado ou ao qual ele próprio supostamente se deixa carregar: o poeta é uma ilha, mas de edição. Ele corta, recorta, cola, provoca interrupções, recolhe imagens dispersas, remonta-as, fratura seu tempo, quebra a tradição solidificada em busca de novos arranjos que, liberando-a ao vigor que lhe fez nascer, a coloquem mais uma vez em movimento, mostrando, na clareza consensual, vestígios de uma noite ainda por amanhecer.

Ao invés de afirmarem arquipélagos mapeados pelos sistemas de posicionamento global disponíveis, por baixo preço, a qualquer um e que permitem a todos a certeza da segurança de um mesmo percurso, há poetas que, desde suas ilhas, buscam desenhar novos traçados entre arquipélagos menos explorados, ao mesmo tempo em que sabem que chegará o momento de apagar os rastros da rota percorrida. Ilhas, esses poetas parecem precisar de encontros com outras ilhas, criar palavras em arquipélago, ainda que, apenas, ou sobretudo, para mergulharem em um copo de mar, para divisarem, com mais intensidade, a amplitude de oceanos e céus ou, mais adequadamente, desguarnecendo fronteiras, conforme a poética em questão, "um oceano de céu".

Augusto de Guimaraens Cavalcanti é poeta, desses para quem, com ressonâncias que parecem assumir um posicionamento crítico na reflexão acerca de sua inserção na recente poesia brasileira, "nenhum engenheiro jamais abolirá o fato de que a localização poética soterrará a localização geográfica". Em *Os tigres cravaram as garras no horizonte*, trata-se, portanto, da submissão do geográfico ao poético, por ser neste e não naquele que é possível flagrar as indiscernibilidades que povoam sua poesia e pensamento, levando o poeta a se caracterizar como um "astronauta percorrendo o meio-fio".

Uma das virtudes do livro, portanto, é não abandonar o mais próximo, "aproveitar bem a decadência do lugar", "não ter medo de trapo/ nenhum", mas, dizendo as coisas simples, colhendo "os poemas/ despencados pelo chão", fazer com que o diário e, inclusive, o jornal sejam "narrados em forma de poesia". Algumas vezes, seus poemas possuem um humor semelhante à inteligência abissal de Campos de Carvalho: "caiu do décimo andar e foi beber um chope ali na esquina"; outras, como em pelé, no gozo maior da alegria, uma ironia cáustica deixa entrever a brevidade de sua comemoração e o retorno traumático ao dia-a-dia: "dê um soco no ar e comemore até segunda-feira".

As ilhas que, astronauta do mar e do asfalto, visita são muitas, de uma tradição menos assumida pela maioria dos brasileiros e com muitos frutos a dar a poetas, críticos, teóricos e qualquer leitor que se interesse por poesia: entre nós, do grandioso Jorge de Lima, a Murilo Mendes, Cláudio Willer, Roberto Piva, Afonso Henriques Neto...; entre os estrangeiros, Blake, Lautréamont, Breton, Lorca... os surrealistas e afins. Mas também Whitman, Poe, os beatniks, os pop artistas, o mundo pop em geral, todos apropriados de maneira única e inventiva, como inventivas também são as belas colagens que, no encontro com os poemas, estendem a tradição à qual se vinculam.

Ao ler os poemas de Augusto de Guimaraens Cavalcanti tenho a sensação de ouvir com clareza o estrondo cósmico de algumas estrelas despencando no mar, o estardalhaço urbano de um viaduto implodindo no sangue, de onde o poeta – cidadão de um cosmos urbano ou de uma cidade cósmica – parece emergir, prateado de águas salgadas, cimento e plasma, mas também rubro de sangue. Prata e sangue, sua escrita, a intervir com força na recente poesia brasileira.

Alberto Pucheu

sylvester stalonne

"Os heróis pós-modernos às vezes não têm asas e não alçam grandes voos, mas grandes músculos para fazer algo sempre em nome do amor. Se eu pudesse arranjar uma premissa dramática para usar isso como plataforma. Um homem que então se torna um animal cheio de ódio, obrigado, porém, a voltar para a vida entre os homens. Nesse filme-premissa, serei um tipo de tigre. Um tigre do amor." (*Sylvester Stalonne*)

um incêndio de Baco.
pluma de chumbo coagulada. escuros escudos desfolhados.

com sua asa solta você é o homem do agora no cárcere do presente,
construtor das gemas deste parto, porto consumado.

na calçada da pupila Sylvester transforma o medo em baile,
e depois tudo aparece claramente na tele-ilusão.
as garras do tigre já romperam a tela de espelho da TV.

do céu choverão slogans,
faróis cairão das paisagens mais belas e agradáveis.
pérolas de sangue transbordarão o transe desse cotidiano noturno.
vidraças serão rasgadas pela outra margem.
sobrarão as estátuas de deus,
obesos norte-americanos grávidos de deus.

na jugular do sol Stalonne,
na jugular
do sol.
seu silencio de dólares.
a inocência
do camaleão.

AmorBagdá

Com suas plumas e pedras, um canibal correu para sua tribo a anunciar que tinham capturado um soldado norte-americano. "Bom", disse um dos canibais entusiasticamente, "eu sempre quis provar um hambúrguer de conversa fiada". O entretenimento dos bárbaros é ver bombas caindo em uma matemática celestial. Na cidade que já foi luz, a multidão já começa a se derreter. De repente estrelas descem do teto. Cidades não são meramente geográficas, os tigres transbordam seus rios. Tigres costumam pular antes de olhar. Mas, seria possível etiquetar um tigre? Quantos deuses podem dançar na direção de uma bússola? Qual o vermelho que saiu do ovo?

Em tua pré-islâmica urbanização circular ainda pulsa a Mesopotâmia e seus palácios das flores. Como uma oração de cicatrizes, Bagdá se ascenderá em cada ressaca de futuro que houver, em cada descampado, em cada máquina espiritual, em cada instantâneo pó. Assim como um poste sabe como acender, e um peixe sabe como boiar, e uma criança sabe como atear fogo no útero da mãe, Bagdá continuará respirando em coma. Porque do caos é que se inventam as estrelas. Cidades caem, mas permanecem as flores. Primaveras crescem por si só.

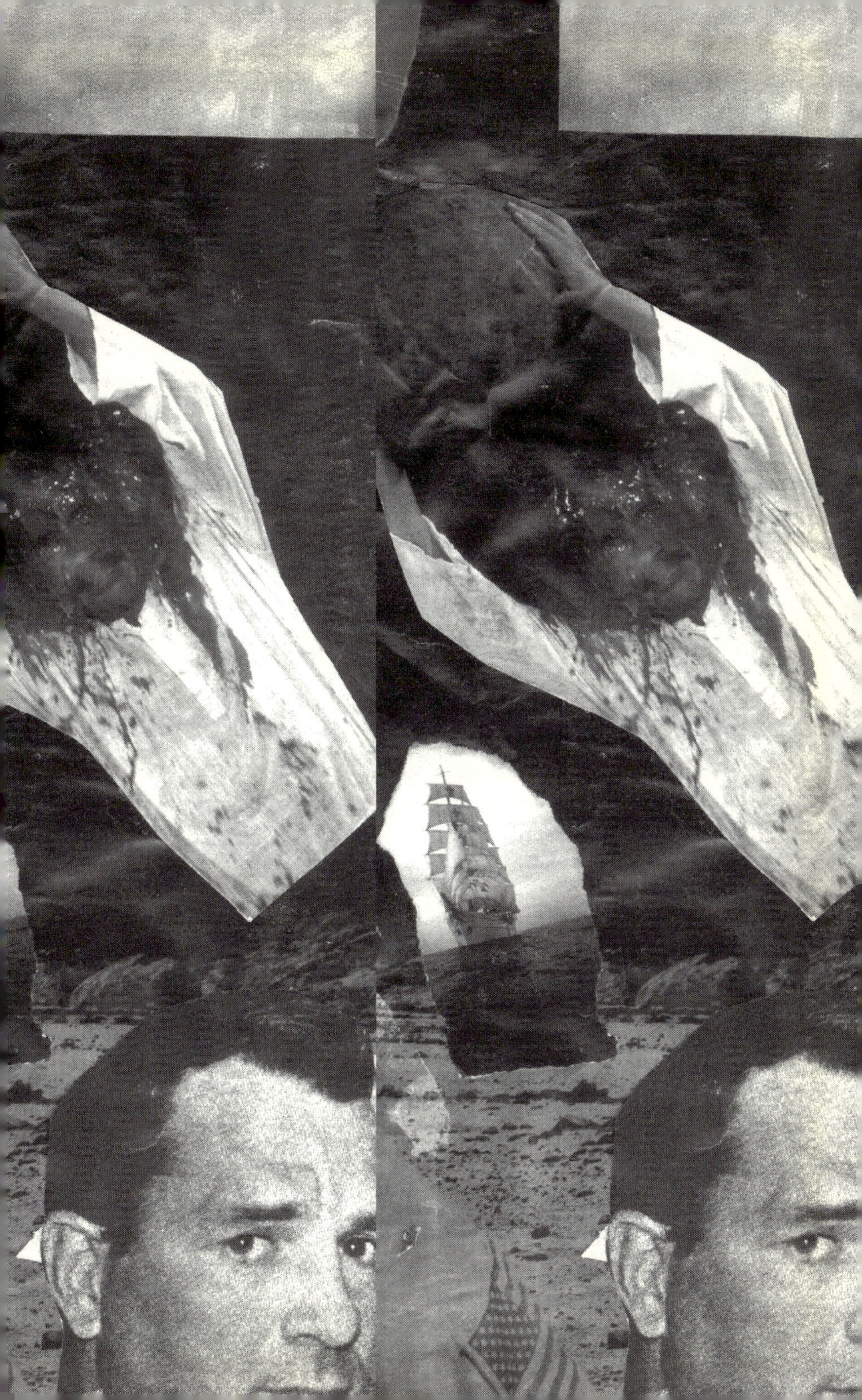

this is it

Como me disse ontem o Chacal: "O Michael não pode morrer, pois ele é um desenho animado. Imagina se o Pernalonga morresse?" Pois é, agora os desenhos animados explodem a tela e adentram nossa própria pele através dos estragos de lua desse menino vítima do POP. De que lua falava Michael? A lua do poema ou a lua desastrada dos astronautas? Nesse momento M.J se auto-implode como um encenador de si próprio, this is it. Como um continente perdido na beira da casca de um ovo, exterminador do futuro vazando milagres. M.J, você se perdeu no deserto de fotos envelhecidas antes do tempo, só te resta agora esta saudade de futuro, passos de escuro e pistas lunares, this is it. Nada te salva te salvará dos estilhaços deste instantâneo instante, desta saudade de tudo que ainda se resta para viver. Heróis ainda apodrecem no vento de carne. Pessoas abrem seus guarda-chuvas, mas a chuva não as guarda, o veneno que assalta é um mel vazando massacre, this is it. Saudemos agora esse nosso

Macunaíma ao avesso. Jackson foi o último dândi da história, andrógino anjo exterminado pela multidão anônima, sangue pisado nos estilhaços da calçada da lama. Nunca mais luvas de lantejoulas prateadas e casacos de remotas purpurinas douradas, nunca mais girassóis na lapela, nunca mais. Os pés andam sozinhos. Ambulâncias ainda correm pelo pôr-do-sol tragado pelos anjos da cidade. Cidades de anjos são traçadas, mas os arquitetos regurgitam gotas de nuvem. Se Oscar Wilde declarava que uma reforma na maneira de se vestir era muito mais importante do que a reforma da religião, o delicado exibicionismo de Michael tinha um alvo certo: a dança. Jackson esclarece: "Eu me torno as estrelas e a lua. Eu me torno o amante e o amado. Eu me torno o vencedor e o vencido. Eu me torno o senhor e o escravo. Eu me torno o cantor e a canção. Eu me torno o conhecedor e o conhecido. Eu continuo dançando e dançando e dançando, até que haja apenas.....a dança". Agora já é tarde demais para se morrer.

Ressoando AmorAmerica

"logo na hora do McDonald's | gânglios implodiram-lhe o pescoço | grossos como cordas, lajes | pendentes, feito açougue – (...) despedaçado como as calçadas da cidade decadente, | alimentando a boataria | inspirando jovens visionários | passado jamais existido (...) logo na hora do Mc'Donalds"
(Italo Moriconi)

No ano de 2008 (ano do búfalo), os três (eu, Domingos Guimaraens e Mariano Marovatto) do coletivo poético Sete Novos se apropriaram do poema-slogan *amor-humor* de Oswald, e juntaram as highways siderais de Jean Baudrillard com os outdoors mitológicos de José Agrippino de Paula para construir a primeira parte da nossa trilogia *AmorAmerica*. Esse texto aqui é uma tentativa de continuar a desenvolver suas potências e ambiguidades.

"Os americanos só acreditam nos slogans", me disse o Domingos certa vez. Já o Mariano aplaude quando o Paulo Leminski descreve que a poesia é o inutensílio mais útil que há. Brigite Bardot Lanches nos chega aqui pelo nome bonito da sigla B.B. Lanches, casa de sucos do Leblon aberta

24 horas. Lá, todos os Sete Novos vêm se reunindo já se vão cinco anos. Lá, tivemos nossas primeiras insones conversas mais insipientes; tão abstratas como a possibilidade de existir Brasília, os Estados Unidos ou até a Bulgária.

Estávamos mais perto dos Estados Unidos do que imaginávamos. Não, não só pelos mitos deglutidos quando éramos crianças hipnotizadas pelos quebra-cabeças do cinema e da TV, mas também pelo nosso horror à abstração. Sim, talvez sejamos o país mais positivista do mundo. Não, não só pelo lema da nossa bandeira, (embora seja estranho tirar o amor do "ordem e progresso" como fizeram nossos republicanos dos Estados Unidos do Brasil), mas sim pelas nossas dissonantes obsessões racionalistas, concretadas em holofotes iluministas; quase nenhuma cota de sombra permitida. Ruínas de ruínas.

Devemos à América o momento mais bonito da humanidade, a chegada do homem na Lua. Como se Cortez, Vespúcio, Américo ou Colombo filmassem tudo. No entanto não havia nada ali, só crateras, crateras, crateras. Mesmo assim, a lua dos românticos virou a lua dos astronautas. Tudo que um super-herói americano queria era ser grego. Ou alguém nega que mesmo os protestantes entram em transe? Marthin Luther King entrou, tantas e tantas vezes, assim como Jim Hendrix de lá nunca saiu. Como a nação protestante da América não possui santos, nós emprestamos os nossos para eles. O *AmorAmerica* é uma esperança, um amor não correspondido da colônia pela metrópole, e muito mais. Como já diria Pablo Neruda em seu poema "Amor América", o grande sonho chamado América veio antes dos seus rios arteriais. Se Allen Ginsberg decretou

The Fall of America em 1971, nós já pensamos um pouco diferente. *Because we have visions instead of televisions.*

Penso assim em imagens tão ácidas como os irmãos Metralha recepcionando os turistas na Disney, ao revés do rato decadente Mickey. Sou aqui pela vertigem de outdoors líricos que vendem anúncios, mas fazem ao mesmo tempo as pessoas se emocionarem. Sou pelos Estados Unidos da Vertigem. Certa vez Jorge Mautner me disse que foram os jesuítas que criaram o samba, e que o Padre Antônio Vieira foi o primeiro tropicalista da história. Até hoje rumino sobre isso, um dia chego lá. Esperamos pelo dia em que Flash Gordon nos faça mais sentido do que já faz. Neste dia os caboclos do espinafre serão guiados por um Popeye moldado em José Agrippino de Paula. Procuro imaginar como seria se Agrippino tentasse entender o Kentucky......Qual seria sua profecia para este misterioso Estado? Como Kieerkegard descreveria o tédio norte-americano daquelas cidades tão pequenas com suas casas aparentemente iguais? Qual seria o carnaval de Kentucky? Bom, New Orleans possui o Mardi-Gras, que é um carnaval europeu, mas o Kentucky não, lá não há nenhuma inversão ritual. O que Roberto Da Matta escreveria sobre um possível carnaval no Kentucky, em que mulheres gordas com seus frangos fritos nas mãos começassem a entrar em transe?

Em comunhão com a "Deusa EUÁ", imagino como seria se João Cabral usasse um parangolé e parasse para escutar música clássica. Através do nome "Deusa EUÁ" divido o espanto com o leitor ao descobrir que o nome africano para a deusa da sedução é realmente "Deusa EUÁ". Aqui, nenhuma imagética nos irradiaria tanto quanto o questionamento do apocalíptico *The Fall of America*, de Allen Ginsberg. Neste livro o poeta defende a profecia feita por William Blake, de que a América (Iracema de ressaca) se auto-implodiria em dois séculos; imagem esta quase de ficção científica à la Hollywood. Não estaria Blake descrevendo Kripton, planeta que explode? Mas se ao menos a grandiloquência do Superman salvando o mundo pudesse ser aprendida por Macunaíma........ Aliás, nos filmes de Superman o planeta terra é sempre descrito como Planeta Houston, não é demais? E sem falar no Planeta Hollywood, lanchonete que serve mundialmente hambúrgueres e sonhos. E sem pensar ainda nas finais dos campeonatos americanos sempre narradas como World Series.

A maior capacidade de um americano é sua incapacidade de abstração. Gostaria de imaginar um "Esperando Godot" encenado por Sylvester Stalonne como Pozzo, e Arnold Schawzneger como Lucky. Fico ruminando se tal peça seria possível, já que no site oficial de Stalonne está escrito que era Beckett a grande influência de Sylvester, na época em que este cursava artes cênicas na Escola de Artes Dramáticas de Miami. Entendi isso como um milagre auspicioso. Qual seria a influência de Samuel no grande monstro Rambo a se criar? Para mim uma cidade tão carente que suplica romanticamente amor só pode ser uma cidade sonhada. Miami, fico pensando nela, somente nela, como se possível fosse lá estar eternamente em um desfile de celebração à existência. Algo como o lindo vídeo-clipe em que Bruce Springsteen caminha sobre as ruas chuvosas de Filadélfia. Já estive fisicamente nas Filadélfias e Miamis materiais, mas infelizmente não conheci seus aspectos mágicos. Devo isso ao cinema e muitas coisas mais. No final da canção "Philadelphia", Bruce recita "aint no angel gonna greet me"....não, realmente nenhum anjo irá nos parabenizar por nada. Deixemos os anjos para Wim Wenders.

Na América os anjos são reais, estão até nos submundos e nos dão bom-dia. Assim, muito me interessa a imagem lisérgica da casa de Andy Wahrol com seus móveis preenchidos com gás de hélio; flutuando quando o artista queria desocupar seus espaços, e amarrados ao chão quando queria preencher sua sala. Sempre me lembro, nunca esqueço de Ginsberg proferindo estas palavras no documentário de Scorcese: "A poesia é feita de palavras poderosas, que tocam profundamente e que reconhecemos instantaneamente como uma forma de verdade subjetiva que tem uma realidade objetiva, porque alguém a percebeu. A isso se chamará poesia mais tarde."

Any resemblance to any persons living or dead is purely in your head. Algum yankee elogia: Sabe por que os astronautas quase não sentem suas sexualidades? Pela falta de gravitação. É isso mesmo, pela falta de gravitação. O sexo é ligado à terra, ou seja, a gravidade te puxa para baixo do umbigo. Um corpo sem gravidade dissolve a pulsão sexual e é por isso mesmo que os astronautas são assépticos e assexuados. Portanto, tudo que os puritanos mais queriam é se mudarem para lá. A NASA, inclusive, já está providenciando desde sempre as passagens. A missão Apolo partirá em breve com os últimos puritanos da terra. Que por aqui fiquem todos os dionisíos santificados. E se é para África dominar o mundo que seja pelo bom propósito de Michael Jackson cantando o fim da segregação racial em "Black or White", ou pela lírica pujante dos *rappers* nova-iorquinos do The Last Poets (adeptos da poesia ritmada de sigla *rythm and poetry*), e não através dos novos *yuppies* do hip-hop.

Samplers, samplers. Obama é o Zumbi do século XXI, só que o seu quilombo é um quilombasso, absoluto xadrez de estrelas. Mas e se Obama for mesmo um capitão do mato? Esperamos que não. Esperamos pelo seu xadrez como quem aguarda a sonhada mátria dos Estados Unidos do Universo. Nos Estados Unidos do Universo não se buscaria hierarquizar as culturas, Manhattan seria Manhatã e as duas conviveriam bem, nenhuma cultura se imporia ou toleraria a outra, mas apenas coexistiria. Esse seria o lugar mágico, e não o insosso espaço da globalização das pequenas diferenças, com a global hegemonia norte-americana.

Eu te saúdo André Breton do Grand Canyon ao Colorado. Sou pelo ritmo na poesia, e não por essa dilaceração amorfa pop, em que mal seus heróis morrem de overdose, logo são reciclados por outros. Sou pela delicadeza dos índios, sou pelos símbolos do real, sou pelas magias no cinema e pelos cinemas na magia, sou pelas noites americanas. Falsas noites criadas em estúdios durante o dia. Não seria essa a abstração mágica que nos interessa? Enquanto isso o bruxo de Baltimore, Edgar Allan Poe, não pára de fertilizar as noites americanas. A banana de Andy Wahrol entupiu a goela de Carmem Miranda.

Os grafites de Basquiat dinamitaram Manhattan como queria Drummond. Manhatã, maça e cunhã do dinheiro, agora possui descendência indígena, e continua sendo definitivamente uma das deusas mais imaginadas do mundo. Manhatã é um desterro para os homens de boa cobiça. Manhatã é o mapa de si mesma, tão ao alcance que se confunde com sua própria representação, como se o que existisse de fato fosse a própria terra do mapa Manhattan. Em Nova Iorque as ruas são anônimas, e como anônimas, é normal ouvir seus prédios dizerem que eles são as ambições da Terra tentando alcançar estrelas. Por isso não se pode comer os dólares; só se pode desfrutar-lhe o valor gastando. Poliédricas em suas impressões, Manhattan é uma cidade que se move para o alto.

Tem coisas que só são passíveis de explicações quando se caminha pelo Guggeinheim, museu circular na beira do mundo. Segundo Peter e William Blake, o fim do modernismo pode ser datado com precisão, em 15 de junho de 1972, às 15 horas e 32 minutos (mais ou menos), quando vários prédios residenciais na cidade de St.Louis, no Missouri, construídos nos anos 50, foram dinamitados pois tinham se tornado inabitáveis. Graham Bell matou a telepatia. Godot entra aqui de soslaio para avisar mais uma vez que não vem.

Toda vez que o cowboy da Mar-lboro aparece nos intervalos comerciais, alguém solta sua baforada e desabrocha como uma flor. Cada ocasião em que o cowboy da Mar-lboro surge no mundo, os pedestres de Manhattan dançam pelos cruzamentos perigosos; suas coreografias são ensaiadas constantemente pelas suas ruas numeradas. George Bush com seu famoso quipá texano come sua pipoca de nuvens. Obesos norte-americanos caminham lentamente como mulheres grávidas. Americanos supersônicos rezam diariamente na sacristia dos engarrafamentos. Os engenheiros construíram a América, e eles são inocentes. Tente olhar para o outro lado quando o Tio Sam colocar o dedo no seu nariz.